LA CIGALE
A PARIS

PAR

HENRI DE BORNIER

DISCOURS PRONONCÉ AU CONSERVATOIRE
A L'OCCASION DE LA SOIRÉE DRAMATIQUE ET MUSICALE
ORGANISÉE PAR LA CIGALE

AVEC UNE PRÉFACE

PAR

OSCAR COMETTANT

PARIS

LIBRAIRIE SANDOZ ET FISCHBACHER
33, RUE DE SEINE, 33

—

1877

LA CIGALE A PARIS

PARIS. — TYPOGRAPHIE TOLMER ET ISIDOR JOSEPH
rue du Four-Saint-Germain, 43.

LA CIGALE
A PARIS

PAR

HENRI DE BORNIER

DISCOURS PRONONCÉ AU CONSERVATOIRE
A L'OCCASION DE LA SOIRÉE DRAMATIQUE ET MUSICALE
ORGANISÉE PAR LA CIGALE

AVEC UNE PRÉFACE

PAR

OSCAR COMETTANT

PARIS

LIBRAIRIE SANDOZ ET FISCHBACHER
33, RUE DE SEINE, 33

—

1877

HOMMAGE DE LA CIGALE

A

MM. DELAUNAY, COQUELIN aîné, MOUNET-SULLY,
DUPONT-VERNON,

Mmes FAVART, Jeanne SAMARY, THÉNARD
(de la Comédie-Française)

Mlle DELAPORTE; Mme Élise PICARD (de l'Odéon)

M. SAINT-GERMAIN et Mlle Maria LEGAULT
(du Gymnase)

M. CARRÉ (du Vaudeville)

M. PANDOLFINI et Mlle BORGHI-MAMO
(du Théâtre-Italien)

MM. SIVORI, DELABORDE, Mlle POITEVIN
et M. Émile ARTAUD, Professeur à l'Institut Musical.

Souvenir de la Soirée du 16 avril 1877

PRÉFACE

Quand l'affreuse nouvelle parvint à Paris, ce fut une émotion générale.

Des hommes, des ouvriers laborieux, des pères de famille brûlés et enterrés vivants !...

La plus épouvantable des morts pour ceux qui avaient péri, la plus douloureuse existence pour ceux qui allaient leur survivre, veuves et orphelins privés tout à coup de leurs plus chères affections, de leur soutien naturel.

Non-seulement à Graissessac, mais partout dans ce Midi généreux de la France, ce fut à qui se donnerait la joie pieuse de consoler ces héritiers du malheur qui ne savaient que se lamenter et ne voulaient que pleurer.

Le cœur est le plus ingénieux des inventeurs, lorsqu'il souffre du mal sublime qu'il n'a pas, je veux dire du mal des autres.

Tous les moyens furent mis en œuvre pour apporter aux victimes un secours, une consolation.

On savait fort bien que les directeurs, les actionnaires des mines de Graissessac, moins encore pour se conformer à la loi que par respect de la vie humaine et pour obéir aux justes sentiments de solidarité qui de tout temps ont existé entre les propriétaires de mines et les mineurs, tiendraient à honneur de réparer les dommages causés par la mort, la mort elle-même étant irréparable. Aussi n'a-t-on voulu, en obéissant au mouvement spontané de la charité, que satisfaire aux premiers besoins des femmes et des enfants, et leur donner un témoignage de sympathie.

La Société *La Cigale*, qui est à Paris comme un rayonnement de l'esprit méridional, une émigration d'âmes ardentes toujours attachées au sol qui les vit naître, n'a pas été la dernière à s'affliger de l'affliction d'une partie des siens.

Les gémissements de Graissessac vibrèrent en échos prolongés dans les cœurs de tous les Cigaliers.

Eux aussi voulurent apporter leur obole aux dépossédés de notre grande famille ; eux aussi voulurent témoigner de leur intérêt pour ceux qui avaient tant besoin de consolations, et prouver que chez nous, hommes du Midi, les distances sont plus faites pour rapprocher les cœurs que pour les éloigner.

Mais que faire, une souscription, une loterie?

Non, nous pouvions mieux que cela et nous avons mieux fait.

Des jeunes, des vaillants, de ceux qui, d'après Virgile, sont favorisés par la fortune et qu'on retrouve toujours en tête de tout ce qui a pour objet le bien et le beau, les secrétaires fondateurs de la *Cigale*, MM. Eugène Baudouin et Maurice Faure, osèrent concevoir la plus difficile des entreprises, celle qui vient à l'esprit de tout le monde et que personne, pour ainsi dire, n'a le pouvoir de réaliser. Ils ont osé tracer, ces généreux téméraires, le plan d'une soirée dramatique et musicale dans laquelle prendraient part des sommités de la Comédie-Française, du Théâtre-Italien, du Gymnase dramatique; et comme instrumentistes, de célèbres virtuoses, et des plus illustres.

Et pour rendre ce beau rêve plus irréalisable encore, ils ont voulu que cette grande manifestation eût lieu dans la salle du Conservatoire, une salle qu'on ne loue pas, une salle que le gouvernement prête..... mais qu'il ne prête pas.

L'impossible a d'irrésistibles attraits, et à tout âge on veut avoir la lune.

Dans un de ces dîners modestes et confraternels qui réunissent mensuellement les membres de la *Cigale*, la proposition fut faite et acceptée avec entrain.

Il s'agissait avant tout d'une bonne œuvre à accomplir et on ne raisonne pas avec le sentiment.

Une Commission fut nommée séance tenante pour organiser la soirée.

Cette Commission, composée des députés de l'Hérault, membres de la *Cigale*, MM. Lisbonne, Castelnau et Devès; de M. Destremx, député de l'Ardèche; de MM. Henri de Bornier, Massol (de l'Opéra), Guillard, Mounet-Sully, Ferdinand Fabre, Ferrier, Jean Aicard, Paladilhe, Ch. de Lorbac, Uzès, Dauphin, Blachier, Auzende, Frédéric Boyer, Eugène Baudouin, Maurice Faure et Oscar Comettant, constitua son bureau de la manière suivante :

Oscar Comettant, président; MM. Léon Guillard et Mounet-Sully, vice-présidents; Eugène Baudouin et Maurice Faure, secrétaires.

Dans la première réunion de la Commission, qui eut lieu à la Comédie-Française, chez M. Guillard, qui est chez lui dans la maison de Molière, on discuta sur l'ensemble du projet et l'on se partagea la besogne à faire.

Des Commissions spéciales furent nommées.

M. Henri de Bornier fut nommé président de la

Commission dramatique, ayant pour adjoints MM. Léon Guillard et Paul Ferrier.

J'eus l'honneur d'être désigné avec mes amis Charles de Lorbac et Paladilhe pour préparer la partie musicale.

Messieurs les députés membres de la *Cigale* voulurent bien se charger de demander à l'Administration des Beaux-Arts la salle du Conservatoire qui, par grande et précieuse faveur, leur fut immédiatement accordée.

On peut dire qu'à ce moment le plus difficile était fait.

Rien n'encourage comme le succès, et cette première victoire ouvrait la marche des triomphes de la Commission.

Le temps pressait, on marcha vite et l'on marcha bien.

Le concours des artistes de la Comédie-Française et du Gymnase une fois assuré, nous allâmes frapper, de Lorbac, Paladilhe et moi, aux portes toujours ouvertes, quand il s'agit de bienfaisance, de nos célèbres virtuoses.

L'administrateur du Théâtre-Français, les directeurs du Théâtre-Italien et du Gymnase accordèrent les autorisations qui leur furent demandées, et cela avec une bonne grâce qui doublait le prix de la faveur.

Des Cigaliers plus particulièrement en position

de placer des billets se mirent en campagne. M. Destremx, notamment, fit des prodiges avec un dévouement et une intelligence du but qu'on ne saurait trop louer.

De miracle en miracle, — car, malgré toutes les bonnes volontés, bien des obstacles surgirent qu'il fallut vaincre, — et après une douzaine de réunions à l'Institut musical, la Commission avait accompli son œuvre, la soirée était définitivement organisée, à rendre des points aux plus habiles *managers* américains.

Au jour fixé, jour glorieux pour la *Cigale*, et digne d'elle puisqu'elle faisait le bien pour le beau, le 16 avril 1877, les portes de ce temple de l'harmonie consacré par le génie de Beethoven, et où Talma, encore élève de déclamation, s'esseyait incertain dans les rôles qui plus tard s'incarnèrent en lui, la salle du Conservatoire s'ouvrait à deux battants pour laisser entrer le nombreux et distingué public qui s'était empressé de répondre à notre appel.

Au dehors, des sergents de ville à pied et des gardes de Paris à cheval témoignaient de la solennité de la soirée.

Au dedans, un brillant éclairage laissait voir dans les loges, aux stalles d'orchestre et de balcon, et jusque dans la pénombre des discrètes baignoires, des femmes élégantes et de notables ha-

bits noirs : M. Legouvé, de l'Académie française ;
M. Saint-René Taillandier, de l'Académie française aussi ; M. Dumas, secrétaire perpétuel de
l'Académie des sciences ; M. Crémieux, sénateur,
qui généreusement a payé sa place 100 fr.; M. Emmanuel Arago, les peintres Jalabert, Becker, Rapin,
Giacometti, etc., etc.

De temps à autre les regards se tournaient vers
la loge d'honneur qu'on avait espéré voir occupée
par Mme la Maréchale de Mac-Mahon, sachant
qu'elle s'était montrée sympathique à l'entreprise
de la *Cigale*, et qu'elle ne veut rester indifférente
à aucune œuvre de bienfaisance. Hélas ! cette loge
est demeurée fermée toute la soirée ; mais elle ne
l'a été que par un déplorable malentendu dont personne n'est responsable, et qu'il faut ranger dans
la catégorie des hasards malheureux.

Voici, en effet, la lettre que Mme la Maréchale
écrivait le lendemain de la soirée au président de
la Commission littéraire, à M. Henri de Bornier.
Cette lettre, d'une écriture remarquablement ferme
et correcte, est l'autographe de Mme de Mac-Mahon.
Elle est trop honorable pour notre Société littéraire et d'art, trop honorable pour M. de Bornier en
particulier, et trop à la louange de son auteur, pour
que nous puissions croire qu'il y ait indiscrétion à
la reproduire ici. Je transcris cette lettre en ajoutant qu'elle renfermait une somme de deux cents
francs :

« Monsieur,

« Je regrette vivement de n'avoir reçu qu'à sept heures et demie du soir l'invitation que vous m'adressez le jour même.

« J'aurais été heureuse de répondre à votre appel.

« Permettez-moi de me dédommager de ce contre-temps en vous envoyant mon offrande pour les victimes de Graissessac, avec l'assurance de mes sentiments les plus distingués.

« MARÉCHALE DE MAC-MAHON.

« Ce 17 Avril. »

A huit heures et demie précises, le régisseur improvisé pour la circonstance frappait les trois coups réglementaires et l'ouverture de la soirée avait lieu conformément au riche programme qui — miracle des miracles — a été suivi de point en point, sans que rien ait manqué.

Voici ce programme plus que princier et que *la Cigale* gardera précieusement dans ses archives :

GRANDE SALLE DU CONSERVATOIRE

2, rue du Conservatoire.

Lundi 16 avril 1877, à 8 heures du soir

SOIRÉE DRAMATIQUE ET MUSICALE

ORGANISÉE

PAR LA SOCIÉTÉ LITTÉRAIRE ARTISTIQUE

LA CIGALE

AU PROFIT DES VICTIMES

DE LA

CATASTROPHE DE GRAISSESSAC (HÉRAULT)

AVEC LE CONCOURS DE

PARTIE DRAMATIQUE :

MM DELAUNAY, COQUELIN aîné, MOUNET-SULLY
DUPONT-VERNON,
Mmes FAVART, Jeanne SAMARY, THÉNARD
(de la Comédie-Française)
Mlle DELAPORTE; Mme Élise PICARD (de l'Odéon)
M. SAINT-GERMAIN et Mlle Maria LEGAULT (du Gymnase)
M. CARRÉ (du Vaudeville)

PARTIE MUSICALE :

M. PANDOLFINI et Mlle BORGHI-MAMO
(du Théâtre-Italien)
MM. SIVORI, DELABORDE et Mlle POITEVIN

PROGRAMME

PARTIE DRAMATIQUE

UNE DATE FATALE

Comédie en un acte de M. QUATRELLES

Le comte............... M. SAINT-GERMAIN.
La comtesse............ Mlle Maria LEGAULT.

LA CIGALE A PARIS

Conférence par M. Henri de BORNIER.

LA NUIT D'OCTOBRE

(Alfred de MUSSET)

Le Poëte............... M. DELAUNAY.
La Muse................ Mme FAVART.

DÉMOCRITE

Scène de REGNARD

Strabon .... M. COQUELIN aîné.
Cléanthis.............. Mlle Jeanne SAMARY.

LA CHÈVRE DE M. SEGUIN

Conte provençal de M. Alphonse DAUDET
Dit par M. MOUNET-SULLY.

LES TRIOLETS A NINI

de M. GRANGENEUVE
Dits par M. MOUNET-SULLY.

LE SINGE QUI MONTRE LA LANTERNE MAGIQUE

Fable de FLORIAN
Dite par Mlle Jeanne SAMARY.

Accompagnateur : M. Émile ARTAUD.

LA FLEUR DE TLEMCEN

Comédie en un acte, de M. LEGOUVÉ
(de l'Académie française)

Que vous dirai-je des artistes éminents qui formaient ce bataillon sacré que vous ne sachiez déjà? Irai-je vous apprendre que Saint-Germain, que Mlle Delaporte, que Mlle Marie Legault, que Delaunay, Mlle Favart, que Coquelin aîné, que Mlle Jeanne Samary, que Mounet-Sully, que Dupont-Vernon, que Mlle Thénard, que Mme Picard sont des comédiens par excellence? Que Pandolfini, que Mlle Borghi-Mamo, que Sivori, que Delaborde, que Mlle Poitevin sont des virtuoses de l'ordre le plus élevé, et qu'Émile Artaud est, au piano d'accompagnement, ce que les Italiens appellent un *maestro*? Pousserai-je la naïveté jusqu'à croire utile de constater l'accueil enthousiaste qui a été fait à tout cet état-major de l'art dramatique et musical et de compter les rappels dont chacun d'eux a été l'objet?

Il est des noms qui sont synonymes de succès; dire que les artistes qui les portent se sont fait entendre, c'est dire suffisamment qu'ils ont triomphé.

Après avoir, par délégation de la *Cigale*, exprimé mes vifs remercîments aux artistes que je viens de nommer et qui nous ont prêté leur concours avec un si noble désintéressement, je me bornerai à les prier d'agréer la dédicace du discours de M. Henri de Bornier, précédé de ce compte rendu, comme un témoignage de notre reconnaissance.

Puissent-ils éprouver à accepter ce souvenir

d'une des plus belles soirées auxquelles il nous ait
été donné d'assister le même plaisir que nous pre-
nons à le leur offrir!!

Après la représentation d'*Une date fatale*, la Commission ayant pris place autour du conférencier,
nous avons eu l'honneur, en notre qualité de président, de donner la parole à l'éminent écrivain,
ce que nous avons fait en ces termes :

« MESDAMES, MESSIEURS,

« Conformément aux promesses de notre pro-
« gramme, la parole est à M. Henri de Bornier,
« l'auteur de la *Fille de Roland*.

« M. de Bornier va nous entretenir de la *Cigale*
« à Paris. Paris est grand, mais il n'y a pas loin du
« Conservatoire à l'Institut: et il est des Cigales
« qui savent franchir toutes les distances.

« La conférence que nous allons entendre, et qui
« porte pour titre *la Cigale à Paris*, pourrait bien
« avoir un jour pour pendant et comme suite, un
« discours que nous appellerions *la Cigale à l'Aca-
« démie française*.

« C'est notre désir et nous l'espérons. »

Les applaudissements qui éclatèrent après ces
simples paroles s'adressaient à M. Henri de
Bornier, et nous avons mêlé nos témoignages à

ceux qui, d'avance, saluaient un événement heureux qu'il est aujourd'hui permis de prévoir.

Du discours de M. Henri de Bornier nous ne dirons pas plus que du talent des artistes qui nous ont prêté leur concours. La seule permission que je puisse m'accorder à cette place, c'est de constater que ce discours si littéraire, si richement varié, si finement spirituel et si poétique parfois, a été fréquemment interrompu par les bravos de l'assemblée, et que dans les journaux très-nombreux qui ont bien voulu s'occuper de notre soirée, il a été l'objet des appréciations les plus flatteuses.

A ce propos, nous prions la presse parisienne d'agréer nos remercîments de tous les témoignages sympathiques qu'elle n'a cessé de donner à la *Cigale* depuis sa fondation.

Nous devons aussi l'expression de notre gratitude à la presse méridionale, pour laquelle rien de ce que fait notre Société n'est indifférent ; et des remercîments à tous ceux qui, de près ou de loin, ont contribué à la splendeur de notre séance dramatique et musicale et concouru ainsi à tous les résultats heureux que nous en avons obtenus.

Un mot encore.

La Commission, témoin du zèle si intelligent et si dévoué de ses secrétaires, a décidé qu'une cotisation serait faite parmi les membres qui la composent pour offrir à MM. Eugène Baudouin et

Maurice Faure, au nom de la *Cigale* tout entière, une marque d'estime, un souvenir amical.

Deux médailles d'argent ont été frappées au nom de ces dignes enfants du Midi qui par leur talent et leur caractère honorent le pays qui fut leur berceau et auquel ils sont restés fidèles par les plus saintes affections.

Sur l'un des côtés de ces modestes médailles, dont la valeur est toute morale, on lit :

Catastrophe de Graissessac. Hommage confraternel.

Sur l'autre côté sont tracés ces mots :

Souvenir de la Cigale, 16 avril 1877.

Il y aura quelque chose de plus durable encore que le métal de ces médailles, *ære perennius*, comme dit Horace, c'est le souvenir gravé dans nos cœurs de tous les nobles sentiments qui se sont manifestés à l'occasion de notre soirée de bienfaisance et qui se perpétueront dans cette Société d'amis, de penseurs et d'hommes de bien, appelée modestement et joyeusement *La Cigale.*

Oscar COMETTANT.

LA

CIGALE

A PARIS

~~~~~~~

Mesdames, Messieurs,

Nous vous remercions d'abord, nous vous remercions de l'empressement que votre présence atteste pour une œuvre toute charitable ; nous vous en remercions sans en être étonnés. car, dans ce noble et grand Paris. si prompt à saisir toutes les occasions de se montrer généreux. l'occasion manquerait plutôt à la générosité que la générosité à l'occasion.
~~~~~~~

Une terrible catastrophe a frappé les ouvriers mineurs de Graissessac ; c'est pour apporter à ces familles un premier secours, c'est surtout pour leur apporter une marque de sympathie que nous avons réclamé et obtenu votre concours.

Avant tout, je dois remercier les auteurs, les directeurs et les artistes éminents qui ont bien voulu répondre à notre appel.

Nous avions espéré obtenir une pièce inédite de notre compatriote, M. Léon Guillard ; mais l'auteur de tant d'œuvres élevées et fines a réduit volontairement sa gloire à préparer et applaudir les succès d'autrui, et il ne se permet plus de songer à lui-même.

Le temps nous a manqué aussi pour vous offrir une comédie nouvelle d'un autre de nos confrères, M. Paul Ferrier, une des plus jeunes et déjà une des plus brillantes renommées de notre pays.

En revanche, le Théâtre-Français et son administrateur, M. Émile Perrin, toujours généreux comme les bons riches, nous a permis de puiser à pleines mains dans le trésor de son répertoire, et le directeur du Gymnase a suivi ce noble exemple.

Mais de quel droit, à quel titre avons-nous sollicité et obtenu votre bienveillance ? Le voici. Nous sommes les compatriotes des victimes de Graissessac, nous nous appelons les Cigaliers (un néologisme qui réussira, je l'espère). nous formons une société littéraire et artistique qui se nomme la Cigale, et la Cigale, *ayant chanté tout l'été*, vient *crier famine*, non pour elle, mais pour le malheur.

Je n'ai pas besoin d'en dire davantage, puisque vous êtes ici : ce qui est à peine demandé est déjà donné.

Nous ne vous parlerons donc pas de la bonne œuvre que vous faites, mais, si vous le permettez ; de ceux qui vous ont invités à la faire : nous vous parlerons de la Cigale. Nous n'y mettrons pas d'amour-propre, encore moins d'emphase : il nous suffira de vous raconter notre origine, de vous expliquer nos espérances et de vous montrer notre but.

Voilà deux ans à peine, en 1875, trois jeunes gens, originaires du Midi. de ce Languedoc. qui est la terre de transition entre la Provence et la Gascogne, se rencontrèrent à Paris.

On ne saura jamais bien ce qu'il y a de terrible dans les débuts d'un jeune homme à Paris. Ce n'est certes pas une accusation que je songe à élever contre cette ville, la patrie de ceux qui n'en ont pas d'autre, comme on l'a dit souvent ; non ! ce qui fera toujours l'éloge de Paris, ce n'est pas sans doute que le bonheur y soit plus heureux, c'est que le malheur y soit moins malheureux : la pauvreté, qui est ailleurs presque une humiliation, n'est à Paris qu'une tristesse ; si les détresses de la vie y sont peut-être plus intenses qu'ailleurs, du moins elles peuvent y être voilées et solitaires.

On a écrit la physiologie du provincial à Paris ; mais il y a provinciaux et provinciaux ; les uns sont d'avance Parisiens par le caractère, les autres par le tempérament physique ; les méridionaux ont le ca- tère presque parisien, de sorte que Henri Heine a pu dire : les Parisiens sont des Gascons, moins l'ac- cent ; mais les provinciaux du Midi n'ont pas, comme les provinciaux du Nord, le tempérament physique qui s'acclimate facilement sur les bords de la Seine. Pour nous, riverains de l'Adour et du Rhône, il manque au climat de Paris non-seulement les beautés grandioses, mais les âpres rudesses du ciel natal ; nous regrettons malgré nous, même dans les charmants paysages de l'Ile-de-France et de la Touraine, sous les brises modérées et le soleil clément, nous regrettons nos garrigues brûlées par un soleil implacable, ravagées et comme tordues par les coups furieux du mistral ; nous regrettons cette nature ardente et orageuse, ces hommes qui ressemblent à la nature, et nous sentons alors que l'exil le plus volontaire et le plus charmant n'en est pas moins l'exil.

Ainsi pensèrent nos trois jeunes gens; vous me reprocheriez de ne pas proclamer leurs noms, et c'est le moindre honneur qui leur soit dû. C'étaient MM. Eugène Baudouin, Maurice Faure, Louis-Xavier de Ricard ; ils appelèrent à eux d'autres amis, pour causer ensemble du pays lointain d'abord, et puis de leurs rêves, de leurs joies, de leurs déceptions, de l'art qui console en attendant qu'il couronne le travail.

La Cigale était fondée. Les Cigaliers se réunirent tous les mois à l'heure d'un dîner modeste, mais où, à défaut de vins généreux qui remplissent les verres, la poésie et les mélodies musicales remplissent l'esprit et le cœur des convives. Nous sommes déjà plus de cent trente, peintres, compositeurs de musique, journalistes, poëtes, auteurs dramatiques, tragiques et tragédiens, orateurs, avocats, médecins, romanciers, les députés de nos régions viennent s'asseoir au même banquet, heureux, je n'ose dire de ne pas entendre, mais certainement heureux de ne pas prononcer de discours politiques.

La politique... nous ne songeons pas même à n'en point faire, tant elle est naturellement absente de nos réunions toutes fraternelles. Je dis : la politique: je ne dis pas le patriotisme. L'amour de la France est d'autant plus présent au milieu de nous que l'union des patries particulières est plus nécessaire encore après les douleurs de la grande patrie. Nous ne sommes, nous ne voulons être que des écrivains, des artistes, des amis de la pensée, des provinciaux du Midi ; mais. dans cette sphère restreinte, nous travaillerons sans relâche; nous prodiguerons ces énergiques efforts de l'âme, qui accroissent le trésor intellectuel d'un peuple et en même temps sa force.

C'est notre ambition, et s'il y a un peu d'orgueil à l'avouer, il y aurait trop d'indifférence à ne pas la ressentir.

D'ailleurs, le génie d'un peuple. son génie littéraire et artistique, dans son ensemble. se compose des éléments les plus disparates quelquefois; surtout quand ce peuple a parlé d'abord des langues différentes, il faut souvent plusieurs siècles pour donner à sa littérature la cohésion et l'unité, pour amener dans le.réservoir commun les sources séparées long-temps.

Ce n'est pas à dire que nous demandions pour l'art je ne sais quelle uniformité qui en serait la mort; non, certes! que les écrivains, les poëtes, les artistes du Midi, comme ceux du Nord, gardent la marque originelle, que leurs œuvres conservent la physionomie et le goût du terroir, rien de mieux! Mais qu'une pensée générale et commune à tous les anime, comme les soldats des différentes provinces gardent l'allure particulière de leur race, tout en portant le même uniforme et en défendant le même drapeau.

Ce sentiment commun, quel doit-il être? Ce sera de plus en plus la conviction profonde que tout homme, tout artiste, le plus humble comme le plus grand, ne peut rien faire qui n'ait une importance, c'est-à-dire qui n'entraîne une responsabilité.

On a dit souvent que la littérature d'un peuple est faite à l'image de ce peuple lui-même; il est encore plus vrai de dire qu'un peuple finit par être l'image de sa littérature. Par conséquent, ceux qui créent la littérature sont responsables de ce que le peuple deviendra. L'art vivifie ou il tue. Ainsi donc, tout artiste, qu'il tienne la plume, le pinceau ou le ciseau, peut être, pour sa part, un coupable ou un sauveur. Il y a eu dans tous les temps, chez tous les peuples des œuvres, des poëmes à la Tyrtée, qui ont gagné des victoires, il y en a aussi qui ont perdu des batailles !

S'il ne dépend pas tout à fait de nous d'avoir de ces premières œuvres, celles qui sauvent, il dépend de nous de n'avoir pas de ces dernières, celles qui perdent !

Grâce à Dieu, la France n'a qu'à chercher dans l'arsenal de ses gloires littéraires pour y choisir ces grandes œuvres qui, à l'heure nécessaire, valent une arme et un drapeau.

Mais, pour l'honneur de notre temps, n'ayons désormais que de celles-là ; et nous, hommes du Midi, tâchons de n'en jamais apporter d'autres. Nous n'aurons d'ailleurs qu'à suivre l'exemple de nos pères : oui, nous pouvons le dire avec fierté, la littérature méridionale, dans son ensemble, a toujours cherché l'élévation, la noblesse et la grandeur, et je vous demande la permission d'en donner la preuve par un résumé rapide de son histoire. Je ne parlerai pas des vivants qui honorent l'art de notre pays; ils sont trop nombreux, et j'aurais quelque peine à me tirer d'affaire; mais je montrerai dans le passé quels sont les hommes du Midi qui ont ajouté des titres particuliers aux titres littéraires de la France. Ce sont les ancêtres de la *Cigale*, et vous les reconnaîtrez au passage comme des portraits de famille.

Avant de vous parler des ancêtres de la *Cigale*, je serais injuste, ce me semble, si je ne vous parlais pas de la Cigale elle-même. Les naturalistes la définissent ainsi : un insecte hémiptère, propre aux pays chauds; je ne veux pas me faire de querelle avec les naturalistes, mais je suis tout attristé d'entendre appeler la Cigale un insecte; un insecte, si l'on veut, mais bien plutôt une lyre qui a des ailes et qui s'envole en vibrant dans la lumière!

La Cigale a des titres de noblesse poétiques; je ne les rappellerai point tous, et je me contente de remonter à Homère qui parle de la *Cigale dont la voix mélodieuse enchante les forêts;* Anacréon a dédié une de ses odes à la Cigale; la voici :

Que je te trouve heureuse, petite Cigale! tu es sur le

haut des arbres, où, après avoir bu un peu de rosée, tu chantes comme un roi. Tout ce que tu vois dans les champs et tout ce que produisent les saisons t'appartient : tu es la bonne amie du laboureur, car tu ne fais jamais de dommage à personne. Tu es honorée de tous les hommes, parce que tu leur annonces le printemps d'une manière très-agréable. Tu es aimée des Muses, tu es aimée d'Apollon lui-même qui t'a donné une voix si harmonieuse. La vieillesse ne peut rien sur toi, ô prudente fille de la terre, qui prends tant de plaisir à la musique ! Tu es exempte de toutes sortes de maladies, tu n'as ni chair ni sang ; il s'en faut peu que tu sois semblable aux Dieux (1).

Théocrite et Virgile furent, comme Homère et Anacréon, des amis de la Cigale ; elle a eu ses ennemis pourtant, entre autres, chez nous, La Fontaine et Delille. Je vous dirai tout à l'heure comment la Cigale a été vengée des injustices de La Fontaine ; quant à Delille, il faut lui pardonner ce vers :

La Cigale enrouée importune les champs.

Voici pourquoi il faut le lui pardonner ; vous savez que Delille n'aimait pas le travail ; aussi sa femme l'enfermait dans sa chambre, et ne lui rendait

(1) Traduction de Mme Dacier.

la liberté qu'en échange d'un certain nombre de vers. C'est dans une de ces heures de poésie forcée que Delille aura écrit le vers que nous lui reprochons; madame Delille devait s'être enrouée à force d'importuner son mari, et Delille aura mal parlé de la Cigale en songeant à sa femme.

Ce qui vous attristera, c'est de vous souvenir que l'abbé Delille, ce détracteur de la Cigale, était un peu Cigalier: il naquit en pleine Limagne, à Clermont; mais nous ne compterons pas parmi les nôtres ce poëte ingrat; la liste des gloires cigalières est assez longue sans lui.

Et d'abord je donne en votre nom le salut le plus fraternel à ces *Félibres*, qui ont glorieusement renoué la grande tradition des Troubadours.

Si leur éloge ne s'écartait pas de mon dessein, je n'aurais qu'à reproduire les pages de haute et ferme critique que M. Saint-René Taillandier, — un des nôtres, par bonheur, — a consacrées, dans la *Revue des deux mondes*, à cette pléiade admirable qui, depuis Jasmin, compte des poëtes tels que Mistral, Roumanille, Aubanel, Mathieu, Félix Gras, Arnavielle, Mir, Tavan, et bien d'autres. Mais je ne veux pas oublier que je me suis promis de m'en tenir à ceux de nos

compatriotes qui ont travaillé au perfectionnement
et qui ont ajouté à l'éclat de la langue française.

Dans la poésie proprement dite, nous avons eu
Clément Marot, Le Franc de Pompignan, dont le
souvenir a résisté aux malices de Voltaire ; Reboul,
qui a laissé un chef-d'œuvre, et dont la pure renom-
mée démontre que pour donner une place dans le musée
des vrais poëtes, il suffit d'un ange qui regarde un
enfant ! Nous avons eu Florian, Roucher, Alexandre
Soumet, Alexandre Guiraud ; nous avons eu Méry,
qui a reçu de Victor Hugo un brevet d'immortalité
en trois vers :

> Méry, le poëte charmant,
> Que Marseille la grecque, heureuse et noble ville.
> Blonde fille d'Horace, a fait fils de Virgile.

Je ne voudrais rien disputer à Méry d'un éloge
venu de si haut ; et cependant Méry a eu un colla-
borateur dont le souvenir me gêne; c'est Barthélemy,
le principal auteur de la *Némésis*.

Je vous demande l'autorisation d'en dire un peu
de mal, car on ne peut pas toujours dire du bien,
même de ses compatriotes : d'ailleurs. il y aura.

comme vous le verrez, un enseignement pour nous, et une part de louange pour notre pays, dans le blâme que je dois adresser à Barthélemy.

C'était un homme de talent et un versificateur habile, mais il a fait la *Némésis*, et, dans cette *Némésis* il eut le malheur d'attaquer Lamartine et de le railler. Mal lui en prit. Lamartine lui répondit avec l'indulgence de l'aigle ou du cygne pour l'oiseau moqueur, et on n'a pas oublié cette strophe d'une magnanimité écrasante:

> Un jour, de nobles pleurs laveront ce délire,
> Et ta main, étouffant le son qu'elle a tiré,
> Plus juste, arrachera des cordes de ta lyre
> La corde injurieuse où la haine a vibré;
> Mais moi j'aurai vidé la coupe d'amertume
> Sans que ma lèvre même en garde un souvenir,
> Car mon âme est un feu qui brûle et qui parfume
> Ce qu'on jette pour la ternir.

Ce qu'il y a de bizarre, c'est que la prédiction de Lamartine s'accomplit à la lettre: en 1848, après le 24 février, Barthélemy composa une pièce de vers en l'honneur de Lamartine; il voulut la lui soumettre. Lamartine lut ces vers devant l'auteur, l'en remercia, et, en badinant, se mit à redresser quelques expressions, quelques hémistiches faibles, avec une facilité merveilleuse ; Barthélemy s'inclina, profita des bons conseils, et Lamartine s'était vengé pour la seconde fois du satirique : la première fois, il avait souri de ses vers ; la seconde, il les corrigeait.

Que cette leçon nous profite : laissons les grands poëtes tranquilles !

Certes, je comprends la satire politique, qui, indignée et frémissante, saisit le vers comme une hache ou une épée, et jette un cri de colère qu'entendra le plus lointain avenir. Ce que je ne saurais comprendre, c'est la satire froide, rhétoricienne, l'indignation de commande, qui ressemble à un parti pris et à une gageure, la satire littéraire.

Je n'aime pas ce genre de satire ; c'est peut-être, vous le penserez sans doute, parce que j'ai de quoi la craindre ; ce n'est que trop vrai, mais je regarde comme un devoir de crier aux jeunes poëtes : Ne faites pas de satire littéraire. Faites de la critique, si vous avez à dire votre pensée sur les œuvres d'autrui : la critique, même sévère, a son utilité, et elle est souvent indispensable. Écrivez en prose contre les idées et les travaux qui vous déplaisent, mais n'écrivez pas en vers contre ceux qui font des vers. Vous surtout, poëtes méridionaux, repoussez l'arme de la moquerie, ce n'est pas votre arme naturelle : la moquerie n'a rien qui ressemble à nos larges paysages, à la lumière éclatante et loyale de notre pays: n'essayez donc pas de changer en petits traits de satire noire les immenses flèches d'or du soleil.

Je suis sévère pour un des nôtres, mais cela me permettra de mieux louer un des nôtres aussi, un poëte, un critique, un maître de la forme et de la couleur, qui est une des gloires de notre pays : Théophile Gautier. Poëte, il n'en est guère de plus grand; prosateur, il parlait une langue vraiment admirable; sa phrase avait l'éclat solide du marbre et rappelait les lignes superbes des statues antiques; critique, il avait, à la fin de sa vie surtout, une sorte de bienveillance olympienne qui n'exclut pas la perspicacité, mais qui trouve une noble joie à relever plutôt les mérites que les défaillances du talent.

Nous avons d'autres poëtes lyriques; si Lamartine ne nous appartient pas, M. Victor de Laprade, l'auteur de *Pernette*, est bien à nous; nous n'avons pas Victor Hugo, mais si l'auteur des *Orientales* n'est pas né

sous notre ciel, tout notre soleil est dans son génie ;
il nous appartient, du reste, par l'aurore de sa gloire,
et lui-même a rappelé :

> Toulouse la Romaine où dans des temps meilleurs,
> Il cueillit tout enfant la poésie en fleurs.

Nous sommes riches aussi en poëtes dramatiques ;
nous n'avons pas Corneille, mais nous avons Ponsard, qui rappelle Corneille par l'intuition des caractères tragiques, par la forme mâle de ses vers, par la nature de ses idées, et aussi par je ne sais quel air de famille dans les traits du visage.

Nous n'avons pas Molière, mais nous avons Émile Augier, et on pourrait se consoler à moins. J'oublie encore que je dois m'en tenir à nos gloires du passé, et je termine en réclamant pour le Midi Joseph Autran, l'auteur de la *Fille d'Eschyle*, un des beaux drames de notre époque, l'auteur des *Poëmes de la mer*, de la *Légende des Paladins*, de tant d'œuvres éclatantes qui ne sauraient périr.

Je réclame Autran pour nous. d'abord comme compatriote et en particulier comme vengeur de la Cigale ; en effet. ses derniers vers furent une réponse à La Fontaine. au grand fabuliste dont le seul tort, à nos yeux, est dans son injustice pour la Cigale ; et voici l'épître qu'il nous adressait peu de jours avant sa mort :

O fille du soleil, qui, la chaleur venue,

Recommences chez nous ta cantate connue,

Chanteuse aux longs couplets, aux refrains toujours prêts.

Préférant la lumière à l'ombre des forêts

Et vivant tout le jour oisive, mais frugale,

Dis-moi, qu'avais-tu fait, ô ma pauvre cigale.

Au copiste d'Ésope, à ce rimeur sournois,

Qui, dès ses premiers vers sur le sol Champenois,

Te montre allant prier la fourmi, ta voisine,

De te prêter le grain qui manque à ta cuisine ;

Et n'ayant obtenu ni grain ni petit ver,

Grelottant de misère à la bise d'hiver ?

Tu le laissas parler, ne daignant lui répondre :

Deux mots pourtant auraient suffi pour le confondre.

Moins discret, j'aurais dit peut-être à ce conteur :

« Bonhomme, d'où prends-tu ce récit imposteur ?

Quand la bise revient et sévit à la ronde,

J'ai fini ma chanson et ne suis plus au monde,

On me recherche en vain, soit dans le sillon creux,

Soit parmi les rameaux de l'olivier poudreux ;

Je ne suis plus alors, moi, l'artiste qu'on vante,

Qu'une membrane vide; et, fussé-je vivante,

Je n'irais point d'ailleurs, pour en faire un repas,

Quêter ni grain, ni ver dont je ne mange pas.

Fabuliste distrait dont la bévue est grande,

Apprenez que je vis seulement sur ma lande,

De la brise qui passe et de l'azur du ciel.

Sobre, je suis la sœur de cette mouche à miel

Qui du parfum des lis et des roses s'enivre,

Et dont le nom se trouve à peine en votre livre.

Vous songiez trop, poëte, aux animaux gloutons;

Vous parliez trop des loups courant sus aux moutons.

Vous avez moins connu l'exquise poésie

Des insectes ailés qui vivent d'ambroisie,

Et quand l'âpre saison revient les tourmenter,

Aiment mieux expirer que de ne plus chanter.

Que vous servit d'aimer Platon et de le lire? »

O cigale, voilà ce que tu pouvais dire;

Le discours, à mon sens, eût été spécieux.

Tu ne répondis pas, tu fis peut-être mieux.

C'est ainsi: nous les fils des chanteurs d'Ionie,

Nous laissons tout passer, même la calomnie.

Champenois et Picards, Bourguignons et Normands,

Nous disent paresseux, nous appellent gourmands;

Nous acceptons l'injure, et, sous le trait qui vole,

Poursuivons notre chant qui de tout nous console!

Autran n'a pas été le seul vengeur de la Cigale. Dernièrement, deux auteurs dramatiques. qui cependant n'appartiennent pas au Midi, M. Legouvé et M. Labiche. ont eu la spirituelle raison et la bonne grâce. en plein Théâtre-Français, de réhabiliter la Cigale. Je n'insiste pas : ces deux noms suffisent à l'éloge d'un ouvrage.

La cigale chez les fourmis.... mais c'est un peu notre histoire. c'est *La Cigale à Paris ;* non pas, certes. que les Parisiens nous semblent des fourmis : d'abord. la *fourmi n'est point prêteuse*, à ce que prétend La Fontaine. et non-seulement les Parisiens prêtent, mais ils donnent. vous le voyez, pour toutes les œuvres où la bienfaisance les invite ; ensuite. les Parisiens ne nous diraient pas : *Dansez maintenant !* Ce qui nous serait assez difficile. — Ils nous disent au contraire : Chantez ! à condition que vous chanterez bien.

Nous ferons de notre mieux pour cela ; nous prouverons. par l'exemple. que les auteurs de la *Cigale chez les fourmis* ont raison. et que la Cigale peut avoir son utilité dans la grande fourmilière.

Oui, mes chers compatriotes, travaillons à Paris pour Paris et pour la France : et afin de bien travailler pour elle. aimons-la ; aimons de toute notre âme cette fière blessée de la guerre, dont les arts de la paix feront bientôt la fière consolée ; combattons pour elle avec les armes que rien ne brise : apportons-lui tout ce que Dieu nous accordera de courage, de volonté forte, d'invention dans l'art, de poésie, de dévouement et de fraternité.

Nous l'avons fait, nous le faisons, nous le ferons.

Ce sera la devise des Cigaliers.

Achevé d'imprimer

LE 5 MAI M D CCC LXXVII

PAR TOLMER ET ISIDOR JOSEPH

Imprimeurs

POUR LA LIBRAIRIE SANDOZ ET FISCHBACHER

A PARIS

www.ingramcontent.com/pod-product-compliance
Lightning Source LLC
LaVergne TN
LVHW010333030726
842520LV00004B/1434